做不强势
的　　父母

张国奎
编著

民主与建设出版社
·北京·

图书在版编目（CIP）数据

做不强势的父母 / 张国奎编著. -- 北京 ：民主与
建设出版社，2025. 4. -- ISBN 978-7-5139-4926-2

Ⅰ. G78

中国国家版本馆 CIP 数据核字第 2025ZJ1747 号

做不强势的父母

ZUO BUQIANGSHI DE FUMU

编　　著	张国奎	
责任编辑	刘树民	
封面设计	许　涛	
出版发行	民主与建设出版社有限责任公司	
电　　话	（010）59417749　59419778	
社　　址	北京市朝阳区宏泰东街远洋万和南区伍号公馆 4 层	
邮　　编	100102	
印　　刷	优奇仕印刷河北有限公司	
版　　次	2025 年 4 月第 1 版	
印　　次	2025 年 5 月第 1 次印刷	
开　　本	710 毫米 × 1000 毫米　　1/16	
印　　张	8	
字　　数	75 千字	
书　　号	ISBN 978-7-5139-4926-2	
定　　价	46.80 元	

注：如有印、装质量问题，请与出版社联系。

不强势的父母，
养出强大的孩子

在养育孩子的道路上，每位父母都应该努力做到强大而不强势。然而，出于对孩子的期望以及由此引发的焦虑，一些父母在无意中总会要求孩子严格按照自己的意愿行事，显得过于强势。比如，有些父母不顾孩子的兴趣，强行为他们安排各种辅导班，试图塑造一个"完美的孩子"。这种强势的教育方式，往往适得其反，压制了孩子的个性，甚至剥夺了他们独立思考和探索世界的勇气。强势的父母，将"爱"变成了一种压力，让孩子在过度的掌控下迷失自我。

强大的父母则会尊重孩子的意愿，帮他们找到内心的热爱与动力，给他们足够的空间去发展自己的兴趣爱好。

强大的父母懂得如何为孩子提供安全感、理解与引导，从而使孩子"强娃崛起"。

强大的父母拥有一种松弛感，不会因孩子的一点儿小错误而焦虑、内耗，而是以平和的心态面对孩子成长中的问题。正如一句流行语所说："别卷了，松弛一点儿。" 当忍不住想发火时，不妨先深呼吸，让情绪冷静下来，再与孩子心平气和地沟通。这种松弛而理性的态度，让亲子关系更加轻松、融洽，也能使孩子觉醒内驱力，走上强大之路。

父母与孩子之间的关系，应该是亲密而平等的。不强势的父母懂得倾听孩子的心声，给予他们理解与支持。当孩子遇到困难时，他们不会急于批评或指责，而是帮助孩子找到解决问题的办法，让他们在温暖的家庭氛围中获得成长的力量。

在生活中，我们也常会遇到强势的人。作为父母，除了与孩子建立健康的关系，还可以以身作则，教会孩子如何与强势的人相处。总之，做不强势的父母，就是用智慧与温暖陪伴孩子成长。这样的父母，既能让孩子拥有独立的品格和健全的人格，也能为家庭带来更多的理解、亲密与幸福。

CONTENTS
目 录

1

父母可以强大，但不必强势

◎ 强势父母影响下，孩子的行为特点　　02

◎ 为什么你总想控制孩子　　06

◎ 强势特征你占几条　　10

◎ 强势父母对孩子的深远影响　　15

◎ 做强大而不强势的父母　　19

2

拒绝内耗，做有松弛感的父母

◎ 正确批评孩子的 8 种方法　　24

◎ 与孩子有效沟通的 7 个技巧　　28

◎ 与孩子合作解决问题的 6 个步骤　　33

◎ 与孩子和谐相处的 5 个妙招　　37

3 不发火的智慧，用对策略更有效

◎ 孩子沉迷手机与游戏，堵不如疏　　　42

◎ 孩子情绪易失控，这样"降温"　　　46

◎ 孩子没主见，正向引导提自信　　　49

◎ 孩子不自信，遇事往后躲，怎么办　　　52

◎ 孩子做事拖拉又磨蹭，怎么办　　　55

◎ 孩子学习不积极，巧妙激发内驱力　　　58

◎ 孩子吃饭慢还挑食，提醒不良后果　　　61

◎ 孩子习惯说脏话，非暴力解决　　　65

◎ 孩子顽皮，喜欢恶作剧，怎么办　　　70

◎ 孩子顶嘴、回怼、唱反调，怎么办　　　75

◎ 孩子经常撒谎，怎么办　　　80

4 亲子关系亦"铁"亦"蜜"

◎ 真正的爱不是控制，而是尊重和接纳   86

◎ 卸下强势"盔甲"，正视内心的小孩   89

◎ 巧妙化解另一半的控制欲   93

◎ 父母越松弛，孩子越稳定   97

5 如何与强势的人相处

◎ 如何聪明地与强势者沟通   102

◎ 轻松化解权威的压迫感   106

◎ 在强势环境中坚持自己的立场   110

◎ 与强势长辈的沟通之道   114

附录：父母这样说，孩子更自信   119

做强大而不强势的父母

尊重孩子的个性，努力做强大且温暖的父母，化身灯塔，为孩子指引抵达成功彼岸的航向 。

父母可以强大，
但不必强势

1

强大而不强势的父母，既能给孩子力量，也能守护他的自由，为健康亲子关系奠定坚实的基础。

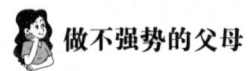

强势父母影响下，孩子的行为特点

在教育孩子的过程中，父母的态度和行为对孩子的成长起着关键作用。强势父母总会以自身的意志为中心，忽略孩子的感受，对孩子缺乏尊重和理解，给亲子关系带来了无形压力。

强势父母的典型特征

与注重孩子自主成长的理想型父母不同，强势父母更多通过高压和命令来控制孩子的行为以达到自己的预期。主要表现为：

过度干涉：无论是孩子的学习、兴趣还是交友，强势父母总要插手并做出决定，几乎不给孩子留有选择的余地。

忽视情绪：对孩子的感受缺乏关注，更倾向于单向输出自己的观点和要求，而非倾听孩子的真实想法。

高压要求：总以高标准要求孩子，忽视其客观能力和心理承受力，过度强调"必须做到"的目标。

情绪化沟通：用责备、批评代替建设性沟通，导致孩子倾向于沉默或对抗。

以上这些行为虽然初衷是为孩子好，但削弱了孩子的自主性和心理韧性，让他们在成长过程中出现了一些让人担忧的行为特点。

以下为常见的三种类型：

1　过于顺从，缺乏独立性

父母越强势，孩子就越没主见。强势父母的过度管理容易让孩子渐渐失去判断力和选择权，他们会习惯听从于父母的安排，不敢表达自己的想法。面对强势的父母，孩子的思考能力被无视，成了父母号令的"执行者"。哪怕孩子有不同的意见，也由于害怕被批评而选择妥协。长此以往，孩子可能变得过于依赖父母，缺乏独立思考能力和自理能力。

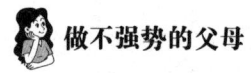

2　内向敏感，缺乏安全感

强势父母的严苛要求和情绪化沟通，很容易让孩子感到自己不被理解和接纳。长此以往，他们会表现得过于内向，甚至在与他人交往时显得敏感和自卑。

孩子的自信源于父母的信任与鼓励。研究表明，在强势家庭中成长的孩子更容易形成"讨好型人格"。他们对外界的评价格外敏感，生怕自己的一言一行达不到父母或他人的期待。这种性格不仅会让孩子承受巨大的心理压力，也会让他们在未来的社会交往中缺乏自信。

比如，有位家长希望孩子在钢琴比赛中拿第一，但在孩子练习时却冷嘲热讽："你练得这么差，怎么可能赢？"结果，孩子在一次次否定中不仅失去了对练琴的兴趣，在其他领域也开始回避挑战。

3　抵触情绪明显，易产生逆反心理

孩子长期被压制，内心的不满情绪会逐渐积累起来。一旦有机会，他们就会以叛逆的方式宣泄这些情绪。比如，故意与父母对抗，以维护自己的存在感和自尊。

不仅如此，这类孩子不仅会表现为"逆反"，还可能会在行为上做出极端选择，比如顶撞父母、逃避学业，甚至挑战规则。表面上看是孩子在"惹事"，实际上是他们在长期压抑后的情绪爆发。

 强势教育的隐性代价

　　强势父母的初衷是希望孩子更优秀，但他们忽略了孩子内心真正的需求。长时间的高压控制不仅会削弱孩子对生活的热情，还会让他们在未来缺乏独立解决问题的能力。这种教育模式的隐性代价是培养出过于顺从的"乖孩子"，或是敏感自卑、容易叛逆的"问题孩子"。

　　请记住，孩子不是听命于我们的"属下"，而是独立个体。与其用强势教育塑造一个"听话"的孩子，不如用理解和支持帮助他们成为自信、有责任感的人。教育的意义，不是让孩子成为我们想象中的样子，而是让他们成为最好的自己。

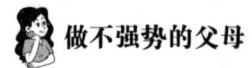
为什么你总想控制孩子

你有没有过这种经历：经常替孩子的学习、兴趣、交友，甚至未来做出决定，却忽略了他们的感受？也许你认为自己的决定更正确，便事无巨细地干预孩子的生活。但你有没有想过，为什么你总想控制孩子呢？答案并不在孩子身上，而是源于你内心对生活的不安。

害怕孩子失败，实质是怕自己失控

一些父母无法容忍孩子偏离自己规划的轨道。或许你也有过这种经历，当孩子考试成绩下滑时，立即制订严格的学习计划；当孩子表现出对"冷门"的兴趣时，你快速干预，甚至强制改变方向。同时告诉自己，这一切都是为了孩子。事实上，所谓的"为你好"仅仅只是"你认为"。

对孩子行为的强行纠正，实质上体现出的是父母对"未知"

的深度恐惧，但强势并不能真正消除不确定性，反而会压抑孩子的个性，让他们逐渐丧失自主能力。想想看，一个总是被安排好一切的孩子，怎能学会独立面对未来的风雨？难怪有人总结说：父母的顶级自律是克制不停纠正孩子的欲望。

别让经验替代成长的自由

"我吃的盐比你吃的米还多。"这句话是许多父母教育孩子的逻辑起点。的确，作为家长，我们有丰富的人生经验，希望孩子听从建议，少走弯路，甚至一步到位地实现成功。可是，成长的意义本在于体验和试错，那些"弯路"才是孩子成长中最宝贵的资源。

父母用经验替代孩子的选择权，虽是出于好意，但却忽略了一点：每个人的成长路径都不相同。当孩子无法自主决定时，他的探索能力和冒险精神就会被压制，渐渐地对自己的判断失去信心。

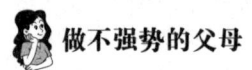

有一位父亲曾全盘否定女儿学习舞蹈的愿望，认为舞蹈专业"吃青春饭"，没有前途，因此坚持让女儿学计算机专业。几年后，这个女孩虽然按父亲的要求拿到了计算机专业文凭，却始终找不到工作的动力，也没有勇气再去追求舞蹈梦想。父亲本是好意，却因没有尊重孩子内心的选择，让她迷失了人生方向。

孩子的成功并非自我价值的延续

有时候，父母的控制欲源于一种投射心理：把孩子的表现视为自己教育成败的证明。比如，很多父母希望孩子考高分、上名校，因为那不仅意味着孩子优秀，也让自己更有面子。但如果孩子没能达到预期，父母可能会感到深深的挫败和羞耻。

其实，父母对失败的过度敏感，往往不是来自孩子，而是自身过于在意外界的评价。这导致孩子的压力倍增，他们害怕辜负父母的期望，因此对失败充满恐惧。

孩子不是你的理想替身

在有些父母控制的背后还隐藏着未被满足的情感需求。你是否曾想让孩子实现自己的遗憾，比如，自己年轻时想当医生却没实现，就要求孩子必须学医？"我小时候没机会，现在你一定要实现这个目标。"

这样做不仅会让孩子失去自我，找不到自己的兴趣和努力的方向，还会让孩子对自己真正的能力和梦想都毫无概念。

孩子是独立的个体，而不是实现我们未完成梦想的工具。不要让他们的人生成为我们的"翻版"，而是给予他们机会，去成为属于他们自己的主角。相信当你放手的一刻，孩子会给你意想不到的惊喜。毕竟，每一个孩子都是在试错和选择中成长起来的。

愿每位父母都能用欣赏的眼光看待孩子，用开放的心态接纳他们的成长节奏。最好的教育，是尊重，是信任，也是无条件的爱。

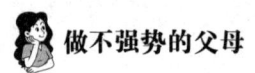
强势特征你占几条

孩子的行为是父母的镜子，反思自己才能教育好孩子。要知道，强势的教育方式并不总是表现在明显的争吵中。有时，一些习以为常的微妙控制也会悄悄剥夺孩子的表达权和独立性。作为父母，是否曾想过自己的教育方式可能无意间带上了"强势"的影子？我们不妨从以下几个方面自检一下。

1 习惯替孩子做决定

让孩子学会独立，比替他们做决定更重要。不管是学业选择、兴趣培养，还是日常琐事，强势父母总会以"为你好"的理由，替孩子做出决定。在这样的家庭中，孩子的想法往往被忽略，父母的意志变成唯一的准则。时间一长，孩子可能变得被动、消极，甚至觉得"不发表意见才是最安全的"。

自检提示：

你是否常常替孩子安排日常计划？

孩子是否总是无条件服从你的安排？

孩子表达不同意见时，你是否倾向于立即否定并强行纠正？

如果这些现象频繁出现，你需要停下来思考：自己是不是在过度介入孩子的生活，而忽略了他们成长中的自我需求？

2 倾向于情绪化沟通

情绪化沟通是强势父母的典型表现之一。当孩子的表现未达到预期时，一些父母会因失望和焦虑而难以控制情绪，对孩子进行责备甚至讽刺。这种沟通方式只会让孩子感到无助和压力，慢慢地，孩子可能变得不愿与你分享自己的想法，甚至产生疏远。

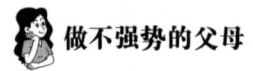

自检提示：

你是否经常因孩子的行为提高音量，甚至发火？

你是否常用比较或讽刺的话语来指出孩子的不足？

孩子是否在与你沟通时显得紧张或回避？

如果发现自己经常带着情绪与孩子交流，可以试着深呼吸，放慢语速，留出空间倾听孩子的感受。温和的沟通有助于建立互信，也让孩子愿意在困惑时向你寻求帮助。

3 对孩子的错误缺乏耐心

强势父母通常难以容忍孩子的错误，把问题简单归结为"不努力"或"不用心"。这种教育方式让孩子更加害怕失败，难以积极面对困难。父母的不耐烦背后，常隐藏着对孩子的过高期待。

自检提示：

孩子犯错时，你是否急于批评，而不愿倾听原因？

你是否对孩子的错误表现出强烈的不耐烦？

孩子在犯错后，是否表现出过度的紧张或自责？

孩子的成长，需要父母的耐心和引导，所犯的错误不是失败的象征，而是成长的必要部分。父母对待错误的态度，直接影响孩子的自信心和解决问题的能力。试着换一种思维：错误是孩子探索世界的"必修课"，而你的宽容和指导会成为他们改进的动力。

除此之外，强势特征还有如下几个方面：

严厉惩罚：当孩子未能达到期望时，强势父母可能会采取严厉的惩罚措施，如责骂、体罚或其他形式的惩罚。

缺乏沟通：父母不与孩子进行有效的沟通，更多地采用命令和指示的方式，而不倾听和理解孩子的需求。

情感冷漠：强势型父母在情感上较为冷漠，不善于表达对孩子的关爱和支持，更多地关注孩子的表现和成就。

忽视个体差异：强势父母往往忽视孩子的个性特点和差异，试图把孩子塑造成自己理想中的样子，而不考虑孩子的独特性。

过度保护：强势型父母可能会过度保护孩子，不让他们面对任何挑战和困难。但这限制了孩子的独立性和自主能力。

权威主义：父母通常以权威自居，认为自己在家庭中拥有绝对的权力，孩子必须无条件服从。

缺乏灵活性：强势型父母往往缺乏灵活性，不愿意调整自己的教育方式，即使这种方式已经不再适合孩子的成长需求了。

放下强势并不是示弱，而是学会让孩子在尊重与支持中自由成长。试着让孩子表达自己的意见，允许孩子在试错中积累经验。父母的强大，不在于掌控孩子的一切，而在于用理解和包容给孩子勇气和力量。与其成为一个"强势"的父母，不如成为孩子最信赖的引路人。

强势父母对孩子的
深远影响

强势的教育方式在短期内也许能让孩子听话，让孩子变成乖孩子，但从长远看，却会影响孩子的自信心和独立性，甚至会导致心理健康问题。

心理健康首当其冲

焦虑和抑郁：父母的过多干预让孩子始终处于被动状态，感到压力重重，缺乏自主权，从而导致焦虑甚至抑郁。

缺乏自尊和自信：如果孩子的意见和感受长期被忽视，他们会认为自己不够好，从而缺乏自尊和自信。孩子成长中需要的不仅是外界的认可，还有父母的理解和接纳。

情感发展受阻

情感压抑： 强势父母不鼓励孩子表达情感，甚至可能对孩子的情绪反应给予负面评价。这样的孩子成年后，可能难以识别和表达自己的情绪，进而影响心理健康。

依恋问题： 在强势家庭中成长的孩子，在亲情关系中会感到无所适从。由于习惯被控制，或过度追求独立，从而难以建立平等、健康的亲情关系。

自我认同感不强

缺乏独立性： 过度干预的父母常替孩子做出每一个决定，这会让孩子在成年后面对复杂的选择时感到无所适从，缺乏独立生活的能力。

过度顺从或反叛：一些孩子因为惧怕冲突，会习惯性地顺从父母，以致失去自己的主见。而另一些孩子则可能通过叛逆的方式来对抗父母的权威，这种反抗会对亲子关系造成难以修补的裂痕。

 ### 限制创造力和探索欲

创造力受限：强势父母总希望孩子按照自己的设想去生活，这无形的框架抑制了孩子的创造力，限制了他们想象和探索的欲望。

学业压力：过高的学业期望让孩子感到学习是沉重的任务，而丧失了探索知识的乐趣。这不仅会削弱孩子的学习动力，还可能引发厌学情绪。

 ### 交际与自律能力差

人际关系问题：强势教育环境中长大的孩子在与人交往时显得被动或固执，他们不善于表达自己的需求，也难以真正理解他人，影响了人际交往的质量。

自我管理能力差：由于成长过程中缺乏自主决策的机会，这些孩子成年后可能在规划生活、管理时间和应对挑战时表现得手足无措。

 潜在的反社会行为

攻击性行为：长期受到压制的孩子，可能将内心的挫败和愤怒转化为攻击性行为。这种情绪不仅会破坏人际关系，还可能引发更严重的社会问题。

什么是真正的教育

强势的教育方式或许会带来短暂的服从，但从长远来看，它可能会阻碍孩子成为一个独立、自信的人。教育的真正目的，不是让孩子成为我们的复制品，而是让他们找到属于自己的人生方向；不是塑造一个"完美的孩子"，而是让他们拥有面对生活的信心与能力。

做强大而不强势的父母

"你的孩子并不是你的孩子，他们是生命对自身渴望而诞生的儿女。"诗人纪伯伦的这句名言提醒我们，孩子是独立的个体，而非父母的附属品。现实中，许多父母却未能真正理解这一点，习惯以"爱"的名义对孩子过度施加控制。这种强势的教育方式，既压抑了孩子的个性和自主能力，又可能对他们的心理成长造成负面影响。那么，如何做一个"强大而不强势"的父母呢？

我们首先需要理解"强大"和"强势"的区别。强大是自信和包容的表现，通常是用来控制自己的；而强势则源于焦虑，是用来控制别人的。

强大父母带来的正向影响

父母的力量和态度深刻影响着孩子的成长轨迹。强大的父母，不会强势掌控孩子，而是通过理解、包容与平等交流，为孩子

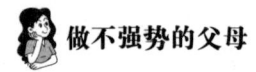

营造一个温暖而自由的成长环境。强大的父母不仅成全了孩子，也让整个家庭受益匪浅。

比如，面对孩子在学业上的困难，他们不会简单地责怪或包办，而是温和地引导孩子："你觉得这道题哪里不懂？要不要我们一起找找思路？" 通过耐心的引导，孩子不仅解决了当前的问题，也掌握了自主学习的能力。

强大的父母的正向影响是深远的。他们帮助孩子成为独立、自信、善于解决问题的人，也让家庭充满爱与理解。

如何在亲子关系中做到不强势

① 尊重边界感：让孩子自己做主

健康的亲子关系建立在明确的边界感上。父母的职责是提供支持和建议，而非替孩子做所有的决定。

小事放手：从日常小事做起，让孩子自己决定穿什么衣服、吃什么早餐等。这些小事看似不起眼，却能帮助孩子培养独立意识。

大事引导：对于择校、职业发展等重要决定，父母可以提供信息和建议，但不要替孩子做主。尊重边界也不意味着父母袖手旁观，而是要引导孩子承担责任，允许他们在试错中成长。

2　学会情绪管理：冷静胜过吼叫

在面对孩子的错误或不良行为时，许多父母会不自觉地选择发火或吼叫。但这种情绪化的反应往往适得其反，只会让孩子感到害怕，从而逃避问题。

冷静沟通的核心是把问题转化为解决方案，而不是责备孩子。比如，当孩子成绩下降时，与其责怪"不努力"，不如问"这次考试中，你觉得哪里最难？我们可以怎么改进？"

3　培养独立性：敢于放手是一种智慧

强势的父母总是担心孩子犯错，因此试图"包办"一切。强大的父母懂得适时放手，给孩子探索的机会。比如当孩子遇到问题时，父母不要直接给出答案，可以通过提问引导孩子自己找到解决方法。

此外，孩子在成长过程中犯错是正常的，与其苛责，不如引

导他们从中吸取教训。独立性不是一蹴而就的，而是通过日常生活中一次次"放手"慢慢培养起来的。

4 言传身教：父母是孩子的榜样

孩子的行为和态度是父母行为的映射。父母如何与他人沟通、解决冲突，能直接影响孩子的社交行为；父母愿意分享自己的失败经历或成长经历，能帮助孩子更好地面对挫折和压力。

放下控制欲，让孩子成为最好的自己

每个孩子都有独特的天赋，父母的责任是帮助他们发现并发展这些特质，而不是强加自己的意愿。

正如心理学家李玫瑾所言："教育的目标不是塑造一个完美的孩子，而是成全一个真实的孩子。"当父母学会尊重孩子的独特性，让他们按照自己的节奏成长时，孩子才有可能变得自信、独立并富有责任感。

拒绝内耗，做有松弛感的父母

2

父母不内耗，拥有松弛感，能从一件件小事上给予孩子满满的爱和接纳，让孩子在学习和玩乐中找到最好的路！

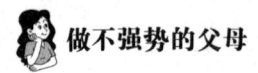

正确批评孩子的 8 种方法

批评是亲子教育中不可避免的环节，但批评的方式直接影响孩子对问题的认知与解决态度。智慧的父母懂得如何批评让孩子不会感到被否定；通过理性和温暖的引导，帮孩子从错误中成长。那么，如何做到有效而不伤害地批评呢？

1 针对行为，不评价人格

批评的目的在于指出问题，而不是全盘否定。把注意力集中在行为上，不评价人格，能让孩子意识到问题所在，不会感到被攻击或羞辱。比如，当孩子忘记写作业，与其说"你怎么这么懒"，不如直接指出"作业没写完会影响学习进度"。

2 给出明确的期望

单纯的批评只会让孩子感到无助，应给出明确的期望，告诉他们如何改进。与其说"你总是做不好"，不如告诉孩子具体该怎么做。例如，可以建议孩子在写作业时要保持字迹工整，在解完题后做检查。这样能让孩子更容易抓住关键点，注意问题。

3　注意语气，不带攻击性

批评孩子时，要注意语气。强硬或情绪化只会让孩子受伤或反感。温和的语气能传递建设性意见。"这次没做好没关系，我们下次努力改进。"比"你这样还能有什么出息？"积极得多。温和的表达方式有助于孩子接受，让他们更放松地进行反思。

✗ 错误表达方式

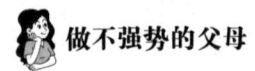

4 用鼓励代替过度批评

过度批评会让孩子逐渐丧失自信，父母适时的鼓励能让他们在改正错误的过程中感受到关爱。批评孩子的同时，不妨肯定他们的优点。批评和鼓励结合，能提高孩子的改进意愿。

5 引导孩子自己反思

批评不应该是单向的，应该鼓励孩子参与分析问题。用提问的方式，让孩子主动思考错误的原因和解决办法。比如可以问"你觉得没有完成作业的原因什么？"

6 在合适的时机沟通

批评的时机会影响孩子的接受程度。聪明的父母会选择在孩子情绪平复后再做沟通，而不是在他们刚经历失败或犯错时就急于纠正。耐心等待合适的时机，而不是被情绪干扰。比如："等你平静下来，咱们再深入聊聊。爸爸希望你能说出自己的感受。"

7 表达关心而非指责

孩子犯错后，更需要父母的理解和支持，以关心为出发点做出批评，让孩子避免感到孤立无助。例如，可以用"妈妈很担心你的健康，希望你能早点睡觉。"来代替"你就不能早睡一天？"

8　提供具体解决方案

批评的最终目的是帮孩子找到改正方法，在批评的同时，父母可以提供明确的解决方案。比如，可以建议孩子先把重点的内容记下来，再做复习，让孩子更有方向感，也愿意努力避免出错。

✓ 正确表达方式

批评的艺术，教育的智慧

正确的批评是一门艺术，它需要理性和智慧。批评的目的不是打击孩子，而是要帮助其成长。正如教育家叶圣陶先生所说："教育是农业，不是工业。"足以说明足够的耐心是多么重要。

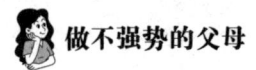

与孩子有效沟通的7个技巧

良好的沟通是父母与孩子建立和谐亲子关系的前提。通过有效沟通，父母成为孩子成长路上的良师益友，不仅可以了解孩子的内心世界，还可以及时发现孩子遇到的问题，给孩子提供支持。那么，如何与孩子有效沟通呢？

1 认真倾听，不随意打断

倾听是沟通的起点。但成年人往往喜欢孩子听话，却经常会忘记去听孩子说的话。当孩子分享自己的想法或与父母沟通时，强大而不强势的父母懂得静下心来，认真倾听，用心去理解他们的感受和需求，不轻易打断、评价或提建议。孩子感受到被重视和理解，更愿意打开心扉。比如，当孩子分享他与同学们的趣事时，父母用眼神交流或点头方式表示自己在认真倾听，等孩子说完后，再给予积极的回应。

2 **多包容、理解**

　　每个孩子都是独一无二的，他们有着自己独特的思维方式、观点、兴趣爱好等。强大而不强势的家长会充分理解孩子，尽量支持他们的正确想法，而不是否认孩子的观点、兴趣，或将自己的价值观和期望强加给孩子。比如，"你怎么这么不懂事"往往

✗ 错误表现方式

会让孩子感到被否定。"可以说说你为什么要这么做吗"则会让孩子乐于分享自己的想法。

3 保持冷静与温和

温声细语比疾言厉色更有效果。无论遇到什么困扰或压力，强大的父母都会控制好情绪，用温和、理解的语气跟孩子交流，不在孩子面前发泄情绪。"宝贝，你平时学习的努力我都看在眼里，这次肯定是个意外，我们一起来分析分析问题出在哪里吧"比"你这样的成绩怎么对得起我们"温和得多，孩子也更乐意接受、反思。

4 保持平等的态度

每个孩子都是星辰，平等对待，光芒自现。与孩子沟通，要避免居高临下或命令式的方式，不要过于严肃，尽量用平等、商量的语气。如提醒孩子该做作业时，不要说"做作业去，现在，马上！"可以说"你看时间也不早了，你打算什么时候去做作业呢？"这样，孩子感受到了我们的关爱和尊重，更愿意配合。

5 承认自己的错误

再强大的父母在与孩子的相处中也难免有犯错的时候。做父母，反驳是本能，反省是本事，不要放不下面子或把自己当成不可置疑的权威，坦率地承认错误，这样，孩子会看到父母的真诚，更信任父母，愿意与父母深层次对话。

6 关注细节，发现亮点

聪明的父母都善于挖掘孩子的优点，并不吝夸赞。他们在与孩子沟通时，会注意孩子言语和行为中的细节，从中了解孩子的真实想法和需求，并善于发现孩子的亮点和进步，及时鼓励和赞

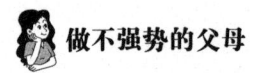

美。这样,孩子会变得更积极、自信,愿意分享他们的看法和经历。

7 引导而非控制

真正的父母之爱,是理解、支持、引导,而不是控制和束缚。因此,在沟通时,尽量客观陈述事实,让孩子理解为什么要这样做,并提供多种选择。如"谁让你这么穿的?换下来!"就不如"你这搭配很有个性啊!但要考虑温度哦。要不把外套穿上吧。"

不想吼孩子却没忍住,怎么办

没忍住吼了孩子也很常见,别过分自责,我们要做的是及时补救,降低伤害:

1. 描述情绪引发共情,如"妈妈发脾气,你是不是会难过?我也会",让孩子放下防备,释放情绪。

2. 别给孩子贴上"坏孩子"标签,就事论事,理解孩子的天性。

3. 激发意愿找办法,说出担心,询问孩子需求,一起制订学习计划。

4. 表达信任,肯定孩子能管好自己。

5. 表达爱,让孩子知道批评不影响妈妈爱他,一起改正。

与孩子合作解决问题的 6 个步骤

在孩子的成长过程中，难免会遇到各种各样的问题。有些问题看似微不足道，却可能导致孩子产生挫败、退缩和自卑等心理，对孩子的成长产生不利影响。强大而不强势的父母，会采取积极、支持的态度，与孩子站在一起，共同面对并解决问题。下面是具体的 6 个步骤。

❶ 营造平和氛围

孩子遇到问题时，强大的父母不会因为过于急躁而加剧问题，让孩子感到害怕，不敢说出问题或内心的想法。

让孩子卸下心理包袱，他们才会袒露心扉，说出问题。因此，不妨先调整自己的情绪，放下权威姿态，以平和、冷静的态度面对孩子，与孩子平等交流，让孩子感觉被重视，从而更愿意敞开心扉，说出事情的原委或困惑。

2 认真倾听

教育就是好好听孩子说话，不仅要听他说什么，更重要的是看他怎么说。若想成为强大的父母，需耐心地倾听孩子对事情的描述以及他们的观点和想法，不打断、不评判，更不指责，可时不时点头、做简短回应，鼓励孩子继续说下去，让孩子感受到被关注和支持。例如，孩子说"我不想做作业了，没意思"，那么父母不仅要理解字面的"没意思"，还要了解孩子是不是遇到了困难。

✕ 父母的错误表现

3　确认理解感受

孩子遇到问题，心情也不会太好，需要理解，而且解决问题不急于一时一刻。所以，孩子说完后，不要着急教育孩子，可等他们情绪稍平复后，用自己的语言重新阐述他们的观点和感受、明确问题的本质、影响等，让孩子感受到被理解，从而更愿意合作解决问题。

4　共同探讨、制订解决方案

参与即动力。想要孩子更有动力去执行解决方案，重要的是让孩子参与到解决方案的制定过程中来。在了解问题和孩子感受后，可以与孩子一起进行头脑风暴，寻找可能的解决方案。

5　相互协商，筛选可行方法

在提出多个解决方案后，可引导孩子从不同角度思考每个方案的优缺点，如实施的难易程度、可能的后果等，如问孩子"你这么做，可能需要长期坚持，你能做到吗"，然后选出一个或几个可行的解决方案。

6　携手执行并跟进解决方案

在执行过程中，父母需给孩子一定的支持和帮助，并鼓励他们自主解决问题。此外，经常跟孩子沟通、讨论，不断优化、调整方案，直到问题妥善解决。

☑ 父母的正确表现

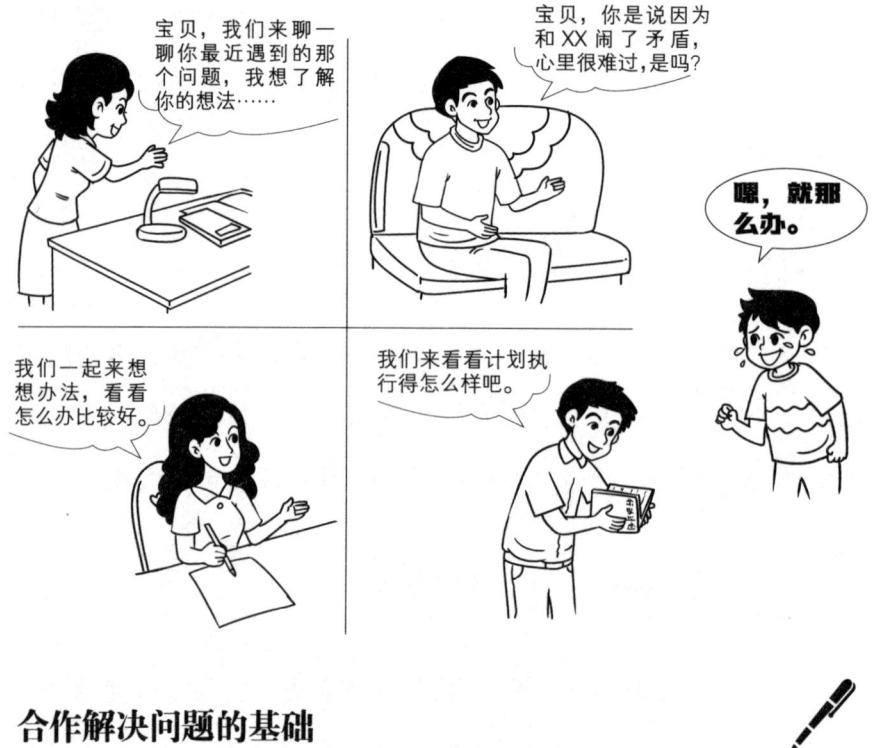

合作解决问题的基础

信任、相互尊重和理解、共同目标、有效沟通、协作等是父母与孩子合作解决问题的基础。通过这些，强大而不强势的父母可与孩子建立起积极、有效的合作关系，共同应对成长过程中的问题，增进亲子关系，促进孩子的健康成长。

与孩子和谐相处的5个妙招

　　父母与孩子的相处可谓一门深奥又细腻的学问。尤其在这个快节奏、高压力的时代，亲子关系更是面临着多种挑战。如何做强大而不强势的父母，建立和维持和谐的亲子关系呢？以下是一些实用妙招。

1 积极有效的沟通交流

　　做强大而不强势的父母，首先需懂得倾听孩子的心声，理解他们的想法和感受，对他们的情绪和态度给予充分的关注和尊重。同时，也会对孩子表达自己的想法和感受，让孩子了解自己的立场，而不是单方面强势输出或使用非黑即白的沟通方式。

2 尊重和理解

　　"管得太多，心离得越远。"不要让爱成为一种束缚，要意

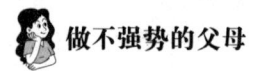

识到每个孩子都是独一无二的个体，尊重他们的个性，给他们一定的隐私和个人空间。比如，进孩子房间前先敲门，得到允许了才进入；不随意翻看孩子的日记；尊重孩子的兴趣爱好等。

孩子在成长过程中，难免会经历各种情感波动，做父母的需要理解并接纳这些情感，通过共情和支持，帮助他们正确认识和处理情感，建立积极的情感管理能力，以免孩子对父母封闭自己的内心。

3 适度放手

爱孩子是父母的天性，而懂得适时放手，让孩子在实践中学会独立，则是一种更为深沉的智慧，正所谓"有一种爱叫作放手"。比如，在选择兴趣班或课外活动时，父母可给予一定的建议，但最终还是让孩子根据自己的喜好和需求来决定。当孩子遇到问题时，可给予一定的指导，鼓励他们自己独立解决问题，但不过度干预。

4　树立良好的榜样

父母是孩子的第一任老师。强大而不强势的父母会以身作则，通过自己的行为为孩子树立榜样。比如，言而有信，答应孩子的事情要做到；遇到问题关闭吼叫模式，与孩子一起解决。这样，父母既可赢得孩子的信任和尊重，也可让孩子在对父母行为的模仿中树立正确的价值观和行为方式。

5　同成长与共学习

好的亲子关系是一场需要花费漫长时间的双向奔赴。时代日新月异，孩子不断成长，强大而不强势的父母自然会做好陪练，与孩子一起成长和学习，以便更好地和孩子相处，而不是自诩权威、故步自封，只会要求孩子、督促孩子。比如，一起尝试新鲜事物，共同阅读，参加文化活动，遇到冲突时学着妥协和宽容等。

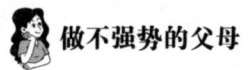

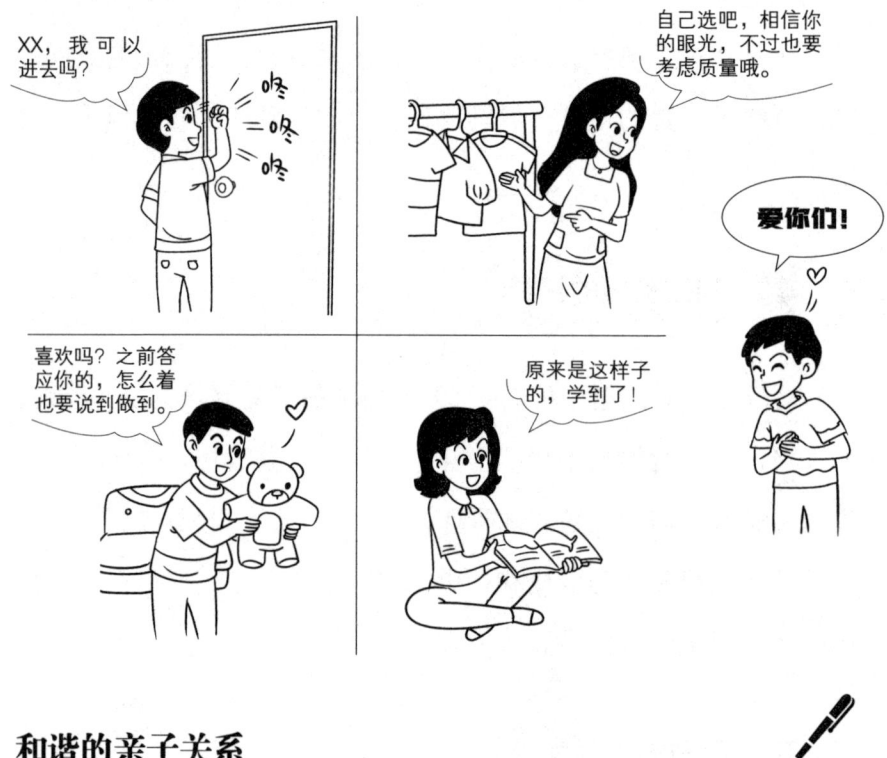

和谐的亲子关系

　　和谐的亲子关系中，父母与孩子能够相互尊重、理解和信任，且充满爱。有心理研究认为，好的亲子关系胜过一切教育，能够为孩子提供安全感和支持，使其全面发展，是决定孩子幸福一生的底层密码。

不发火的智慧，
用对策略更有效

3

遇到问题不急不怒，通过询问孩子原因
并给出有益建议的父母，能够帮助孩子
意识到情绪稳定、分清主次、就事论事
是积极解决问题的有效途径。

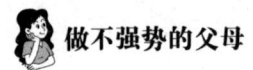

孩子沉迷手机与游戏，堵不如疏

许多家庭正面临一个老大难问题：孩子们过度沉迷于手机和游戏。这引发了严重的家庭冲突，如果允许他们玩耍，孩子们往往缺乏自制力，最终导致学业成绩下滑；如果禁止他们玩耍，则可能让他们情绪暴躁，与父母产生对抗，甚至采取极端行为。这些情况常常导致父母情绪失控：明明对这些不良习惯有着清晰的认识，却感到无力改变，从而产生挫败感。

对此，教育专家建议遵循一个原则：堵不如疏。

手机是个"背锅侠"，沉迷背后有需求

手机和游戏只是孩子不爱学习的"背锅侠"。根本原因是，他们无法从学习中确定自我价值的存在。

他们对学习的深层意义尚不理解，仅意识到必须遵照父母的不断叮嘱，去钻研那些枯燥的学科知识。他们失去了自由玩耍的

时间，且感觉父母对他们的信任、理解和关爱正在消逝。他们开始怀疑，自己的价值仅在于取得优异的成绩，以此来安慰父母的辛劳，并为家庭带来荣耀。

　　沉迷手机和游戏能带给他们快乐和上瘾的感觉。在游戏里，他们能找到共鸣和赞赏，有人认可他们的才华，也在意他们的喜怒哀乐。实际上，他们更需要的是父母全心全意的爱，这种爱不以学习成绩为转移。他们渴望的是：只要他们存在，父母就会爱他们。

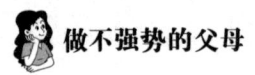

 与他们的需要共情，引导他们转移注意力

1　先闭嘴，别用理性作对

不强势的父母会把质问和建议咽进肚子里，不用理性作对，而是先想象和他们同样的年龄和处境时，自己对父母的期待和心理需求。

2　有效陪伴是感同身受和情绪分享

孩子需要有效陪伴。我们要积极感知他们的情绪，理解他们的感受，可以给孩子分享自己童年时的相似经历，与孩子产生共鸣后再给出解决问题的建议，这样他们才会确认父母是重视和爱护他们的，也就不用从网络和游戏中寻找价值认同感和归属感。

3　做最佳战友，提升孩子对家庭生活的参与感

强大的父母不会和问题一起打败孩子，而是和孩子并肩作战，共同打败问题。父母是孩子的最佳战友，能够帮助孩子一起迎接挑战，渡过难关。

与孩子分享家中的琐事，共同商讨家庭生活的决策……这将提升他们对家庭生活的参与度，让他们切实感受到作为家庭成员

的重要性，并找到自身价值。

 制订适用于全家的手机使用规则

和孩子一起制订全家都要遵守的规则，会让孩子更有自律的动力和成就感。他们知道，要想管别人，首先要管好自己。而后父母带他们去见识生活的精彩和多变，去发现更辽阔非凡的世界，而不是仅仅困在手机的小小世界里无法自拔。

他们自然会走出手机和游戏的世界，那些他们想要到达的地方会牵引他们的目光，赋予他们更好的动力。

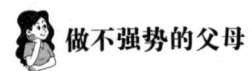

孩子情绪易失控，这样"降温"

心智不成熟的孩子遇到问题时，情绪失控是正常的：身体长时间不适，遭遇困难和挫折却一时无法解决，心心念念的愿望没能实现，都可能使孩子焦灼。父母如果给予适当的安抚，帮助他们从坏情绪里抽身，平复心情，进而帮助他们学会管理情绪，对他们的心理发展则会大有裨益。

🖤 不转嫁自己的坏情绪，接纳孩子的"真面目"

法国作家阿尔贝·加缪说过："只有当你爱我的弱点和我的缺陷的时候，你才真正爱我。"孩子除了活泼天真，还有其他作为孩子的"真面目"：他们不是无所不会的天才；他们会好奇，会冲动；有很多不足，更有未经雕琢的独特个性和成长节奏；他们会犯错，会害怕，会要无赖；会"自私"，只想着自己。

打骂孩子，孩子并不会停止对我们的爱，但是他们可能会停止爱自己。别把我们的焦虑、愤怒和无措转嫁给孩子。

我们要允许这些意料之外的事情发生，同样也要接纳他们在面对这些问题时的情绪失控。就像我们不能站在现在的高度去批判当年心智不成熟的自己一样。

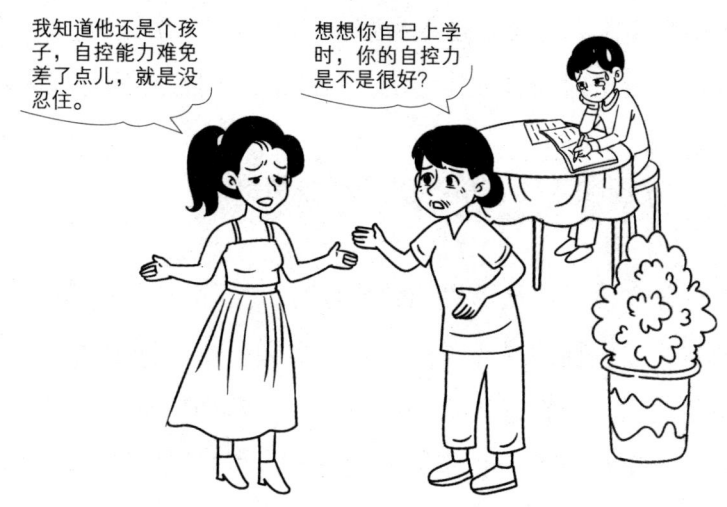

 理解如灯，让他们看见自己被爱

孩子情绪失控，从本质上来说，是因为他们感受到了无助和恐惧。事件本身的糟糕和父母情绪的暴走，对他们是双重折磨。温柔平和地和孩子对视吧，告诉孩子，我们会陪在他们身边，给他们力量和支持。理解就像一盏心里的灯，让孩子看见自己被爱，让孩子在想到父母时，内心总是充满勇气和力量。

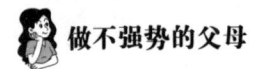
1 支持孩子，倾听找出导火索

"爱是恒久忍耐。"这句话的含金量还在上升。不去否定孩子的软弱，也不挑剔他们的错误，要忍耐他们的焦躁。告诉孩子，他们此刻的情绪波动，只是他们因为一些原因，在和自己打架。放下手中所有事，全身心投入到孩子的倾诉中，别打断，别评论，别定义，在孩子逐渐释放压力的过程中，找出情绪的导火索。

2 安抚和陪伴，引导孩子释放情绪

找到导致孩子情绪爆发的始作俑者，温柔地对孩子说，发生这样的事，爆发情绪是正常的。轻轻拥抱孩子，抚摸孩子的头，轻拍孩子的后背，传递我们的爱和关怀，帮助孩子缓解焦虑，放松心情。尝试和孩子一起模拟相关场景，引导孩子用语言描述自己的感受，以及希望别人怎样帮助他们。这样能转移孩子的注意力，让情绪进一步消散。

孩子没主见，正向引导提自信

培养人格独立的孩子，关键是让孩子有主见。缺乏主见的孩子常表现出以下特征：过分在意别人的看法，缺乏自信没性格，难以拒绝别人；无法坚持自己的立场，面对选择容易盲从；不爱思考，表达混乱，没有明确观点；遇到困难容易退缩，优柔寡断；容易依赖他人。

孩子没有主见，长大以后，就容易被别人的思想所控制。更严重的是，他们会缺少自信心，没有责任和担当，遇到职业瓶颈无法突破，还会养成讨好型人格。不强势的父母会想办法正向引导和培养孩子，提升他们的自信心。

让孩子用自己的判断拿主意

抱持，环抱支撑，在心理学上可以理解为接纳与支持。抱持性管理就是能管住要伸出去的手，也能在必要的时候托举。不强势的父母对孩子的事会充分放手，给孩子充分的信任和肯定、尊重和支持，不贬低，不干预，在孩子无法解决问题的时候，提供建议，在侧面给予一定的帮忙，而不是占领孩子的C位，代替孩子去做。不强势的父母着力于培养孩子的责任感和独立自主性，让孩子学会用自己的判断拿主意。

 ## 挖掘兴趣，用成功累积自信

我们细心观察孩子的兴趣所在，给予孩子充足的时间与支持，以及积极的鼓励，点燃孩子的热情，让孩子充分体验这些兴趣的独特魅力，深化理解，并在每一次小成功中感受到成就感。

不强势的父母会帮助孩子们把兴趣变成他们擅长的事，并经常称赞孩子的努力和进步、计划和方法、态度和耐心，而不是简单的一句"你真棒"。把兴趣变成热爱，孩子也就有了独特的底气和力量，不会轻易相信和依赖别人的想法和要求。成功次数越多，累积的自信越多，孩子就会越来越有主见。

拒绝的勇气，值得拥有

孩子们没有主见，就容易对别人言听计从。因为害怕失去朋友和倚仗，担心被定义为品质差和不善良，这些都会让孩子丧失拒绝的勇气。不强势的父母会相信自己的孩子，会支持孩子的决定，也会让孩子相信自己的品质不会因为别人的怀疑就变得低劣，会鼓励他们遵从内心的意愿去做决定。

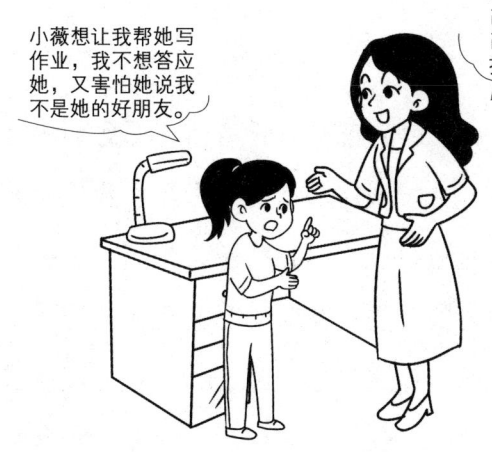

有人说，勇敢的人先享受世界。其实，能勇敢拒绝别人的人也会先赢得世界。孩子们会发现坚持主见、勇于拒绝、合理分配自己的时间和精力，只会让他们的生活变得更加有意义。

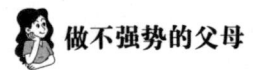

孩子不自信，遇事往后躲，怎么办

我们可能会发现，自己的孩子缺乏自信，遇到事情常常犹豫后缩。如果我们自省，会发现这些都有迹可循：我们苛求孩子，让孩子觉得自己总是犯错；过度保护孩子，使孩子没有自己面对过困难，缺乏应对问题的能力；在父母不在场的情况下，他们遭遇过失败、质疑和讥讽，产生了心理障碍，自我怀疑。

尊重孩子的需求，让孩子觉得自己值得

纪伯伦在《致孩子》中说："他们是凭借你们而来，却不是从你们而来；他们虽和你们同在，却不属于你们。"

不强势的父母会尊重孩子各方面的需求，认真对待他们的提问和求助，及时给予解答和帮助，不拖延，不忽略，不烦躁。也会对孩子的观点表示感兴趣，并给予正向解读，适当引导。给孩子自己选择的机会，并且配合执行孩子的选择；尝试让孩子当家

管钱，一起计划家庭开支；鼓励孩子和同龄孩子玩耍，给孩子提供安全环境。当孩子觉得自己被重视和信任时，也就有了自信的底气。

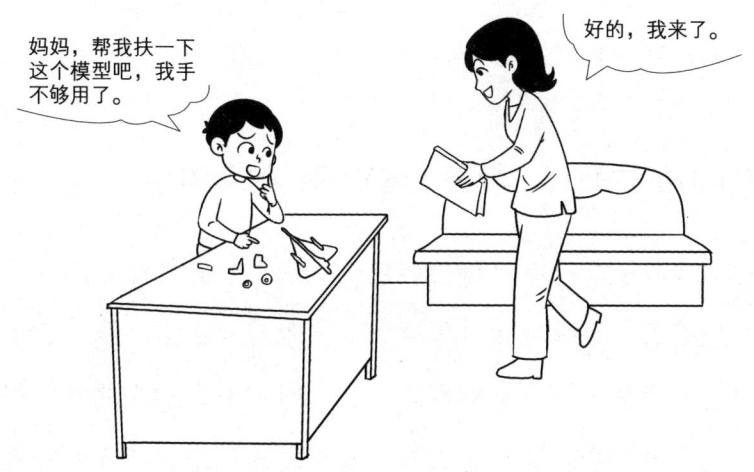

开辟属于自己的领地，感受自由和自信

当孩子获得荣誉和奖励时，及时给予正面反馈，向客人介绍孩子的小成就，让孩子觉得自己是父母的骄傲。在家里开辟出专属于孩子的空间，陈列和收纳孩子的物品，比如玩具、书籍、证书和作品、奖状，甚至孩子从外面捡的树叶、木棍和石子儿。这里是孩子独处的空间，也是他们招待好朋友的小天地，是他们感觉荣耀和自由的地方，更是自信的领地。

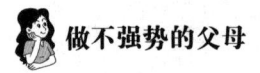

帮孩子制订计划，去做力所能及的事情

当我们做一件事时，可以口述做这件事的目的和实现步骤，把原因说清楚。等自己做事时，从旁协助孩子制订计划，并适时提醒。让孩子去做力所能及的事，不仅能让他们获得个人存在感和价值感，感觉自己被需要，也会增加自信心。

及时的性教育，教孩子爱护自己的身体

及时对孩子进行性教育，教孩子认识自己的身体，教导孩子以科学态度看待身体变化，无须因他人眼光而否定自我。教孩子珍爱自己的身体，懂得如何保护它，同时也尊重别人的身体和容貌。在这个过程中，家长也要做到尊重他人，不对他人的外貌评头论足，帮助孩子克服外貌和体型的焦虑，使他们树立正确的观念。

孩子做事拖拉又磨蹭，怎么办

上厕所要催，写作业要催，起床要催，上学要催……家里有个磨蹭拖拉的孩子，爹妈都很累，仿佛所有的事情都脱离了掌控，让人无力又焦灼。

协助孩子摆脱拖延和磨蹭的不良习惯，将对提升孩子学习的效率以及未来的工作和生活品质产生积极的影响。孩子将成为何种形态，关键在于我们如何"塑造"。

停止唠叨，还给他们掌控感

英国教育家约翰·洛克说："儿童需要管教和指导，这是真的，但是如果他们无时无刻和处处事事都在管教和指导之下，是不大可能学会自制和自我指导的。"强势父母管教下的孩子总是处于被动地位，被剥夺了主动性，养成了依赖性，他们没有掌控过自己，也就不会要求和指导自己。

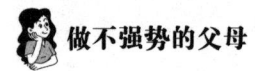

改变填鸭式"我安排你做"的方式，让孩子自己去掌控时间和节奏，体会自己决策的舒适和紧迫。比如孩子吃早饭不慌不忙，我们要做的只是提醒孩子什么时间再不走就要迟到了，以及迟到的后果。

转换责任，还给孩子责任感

人教人教不会，事教人一次会。按时完成作业是孩子的责任，没有按时完成被老师批评，是他们要承担的后果，"和我们无关"。痛要挨在孩子身上，才能让孩子领悟拖延磨蹭的结果：被批评，不能玩得更久，或者错过了对他们重要的事情。这样孩子才知道按时完成事情的重要性。

把责任还给孩子，让孩子自己管理、自己负责、自己承担，激发孩子的内在积极性。我们只需要适时提供时间安排的建议，引导孩子做时间管理。这不仅能让孩子对自己的生活有更清晰的了解和计划，还能培养责任感，明白先做应该做的事，才能去做喜欢做的事。

适时夸奖，给孩子自信心

当孩子一呼唤便迅速回应，按时完成作业，自觉按时就寝，自发整理书桌时，赶紧夸夸他们！不吝啬、有创意地表扬他们迅速完成所有任务，称赞他们的效率、他们的能力，带着适当的夸张和惊喜。当孩子受到赞美时，他们会为自己的成就感到自豪，对自己的时间管理充满自信。赞美会让孩子感觉自己闪耀着光芒，闪耀的孩子更相信自己拥有力量。

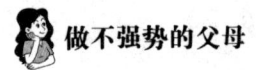

孩子学习不积极，巧妙激发内驱力

孩子缺乏学习兴趣和热情，没有爱好和活力，这很可能是因为没有内驱力。内驱力是一个人从内心自我激发出的要求进步和成长的动力。没有内驱力，孩子就会懒散不积极，学习没有效率。如何有效培养孩子的内驱力，让孩子从内心深处渴望知识呢？不强势的父母会内省自身，从内而外发现问题，解决问题。

不挑剔的目光，营造爱的舒适区

不强势的父母会以欣赏的心态看待孩子的一言一行，发现孩子的闪光点，如表达力好，真诚宽容，社交能力强等。擦亮"发现美"的眼睛，同时张开"赞同"的嘴。看到孩子的优点和进步就不吝表扬，即使是小小的进步。

　　与其总说孩子写作业不认真，不如在孩子稍微表现好的时候说："今天的作业本很整洁，改错的痕迹很少，说明你今天很专心。"接受孩子暂时的弱点和错误，也让孩子接纳自己的不足，让孩子感觉到我们的爱和他的学习成绩无关，父母完全能给他兜底，让孩子安心地在爱的舒适区里克服困难向前走。

放开手，激发孩子自主多巴胺

　　激发多巴胺的实质是让孩子觉得这件事好玩，能让孩子兴奋和舒适。不强势的父母会放开手，对孩子力所能及的事情少插手，允许孩子从逐步自主到享受自主。

　　在日常生活中，应该让孩子逐步掌控自己的生活和行为，比如孩子房间的装修风格和家具选择，比如周末怎么安排。他们做决定的同时，也意味着他们要对自己的选择承担责任，并积极去

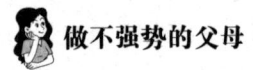

完成。当他们感到自主带来的快乐时，就会刺激多巴胺分泌，让他们的大脑更活跃。精神的振奋能更好地激发内驱力，促使他们更积极地去学习和生活。

历练升级，积累成就感

在日常学习和生活中，不妨把任务分成若干个小目标。这些小目标既不能太难，让他们有挫败感，也不能过于简单无趣，让他们完成后没有成就感。这些小目标要像游戏中的打怪升级：让他们知道最终一定会打败怪兽，也知道通关需要克服点儿难度。这样不仅能激发他们的好胜心，也能让他们获得并积累相信自己能做好的成就感。

孩子吃饭慢还挑食，提醒不良后果

　　每位父母都会关心孩子的饮食问题，因为只有好好吃饭，孩子才能健康成长。但是，许多孩子却不肯好好吃饭，他们在餐桌上磨磨蹭蹭、边吃边玩，对食物也挑三拣四……这些不良饮食习惯，不仅影响孩子的进食效率，还给他们的健康成长带来诸多不利影响。

♥ 孩子为何不肯好好吃饭

① 饭前吃零食

　　有的孩子不好好吃饭，是因为在吃饭前就已经吃了不少零食，肚子根本不饿。而且甜食、生冷食物、碳酸饮料还会影响孩子的肠胃功能和消化功能，使他们吃饭时没有胃口。

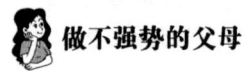

2 饭菜不可口

有的父母厨艺不佳，或者做饭太过随性，或者太过追求科学、健康、营养，从而忽略了饭菜的口味，使得孩子没有胃口。

3 身体原因

孩子患上肠胃疾病、上火、体内缺乏微量元素等，也会导致食欲不振。

如何帮助孩子改正

1 控制零食

每周定量购买零食，每天限制零食总量，吃完后就不再购买。

孩子抗拒吃饭时，也不可以用吃零食来哄他，以免孩子更加抗拒吃饭。

2　不要喂饭

很多父母对孩子太过溺爱，孩子已经到了可以自己吃饭的年纪，还要喂饭，这会让孩子误以为吃饭是爸爸妈妈的事情，自己只要被动吃就可以了。

3　设定时间

给孩子设定一个时间，例如让他二十分钟内准时到饭桌吃饭，或者在半小时内吃完所有的饭。不来吃或者没有吃完，就将食物全部收起来，让他靠喝水支撑到下一顿饭。这样下顿饭不用催促他就会好好吃完了。

4　改善口味

询问一下孩子是否因为口味问题而不好好吃饭，如果是的话，可以尝试做一些符合孩子口味的食物。

5　愉悦用餐

饭桌上，不要斥责孩子，夫妻之间不要争吵，孩子之间斗嘴

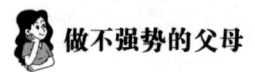

时进行调停，用餐时保持心情愉快的状态，能减少孩子对吃饭的抵触情绪。

听听教育专家的建议

美国著名儿科医生、教育专家本杰明·斯巴克经过研究总结道："很多孩子吃不下东西，可能是催逼孩子吃饭的父母起到了反作用。"他认为，父母在孩子吃饭问题上必须保持心态平和，因为孩子其实对自己想吃什么、该吃多少是有数的。大人不干涉，他们会正常发展自己的饮食功能；大人频繁干涉，反而会让事情变得很糟。一旦孩子厌食，父母必须有耐心、有恒心，不可反复督促、逼迫孩子。

孩子习惯说脏话，非暴力解决

孩子在成长过程中出现说脏话的现象让不少父母头疼，他们往往因此如临大敌、大动肝火，觉得自己的孩子变成了坏孩子。于是，很多父母对孩子进行严厉斥责，甚至进行打骂，希望能用暴力手段督促孩子改正，但结果往往不理想。

孩子为何会说脏话

1 受环境影响

孩子的模仿能力很强，如果他们在学校、社区、网络、影视剧等环境中，听到他人说脏话，就很容易进行模仿。如果在家庭内有人经常说脏话，孩子就更容易受到影响并学会这些不良语言。

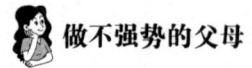

2 表达自我

一些孩子觉得说脏话很酷，或者觉得说脏话新鲜好玩，特别是说脏话带有一定的叛逆意味，所以成为孩子表达自我的工具。

3 发泄情绪

孩子在成长过程中会遇到各种挫折和困难，当他们的情绪表达能力尚未完全成熟时，可能会选择用脏话来发泄情绪。

4 吸引他人注意

有时候，孩子发现说脏话能够引起他人的强烈反应，无论是父母的紧张、生气，还是同伴的惊讶，都会让他们觉得说脏话是一种能够获得关注的有效方式。

说脏话不利于成长

说脏话容易让孩子在同龄人中遭到孤立，交不到朋友，无法建立良好的人际关系。同时，爱说脏话的孩子往往也无法掌握正确的情绪表达方式和沟通方式，会养成用脏话等攻击性语言解决问题的习惯，内心也会不断累积暴躁情绪，让他们的心理变得不健康。

怎样帮孩子改正

1　保持平常心

当孩子偶尔说一句脏话时，不用太过担忧、焦虑。随着孩子自己的羞耻心和道德的成长，他们自己就会改正。如果父母一直盯着不放的话反而会引起孩子的逆反心理，强化他们说脏话的行为。

2　做好榜样

父母是孩子最好的老师。为了帮助孩子改正，父母要注意自

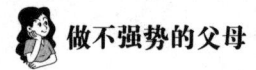

己的言行，当好榜样，不要说脏话。还要慎重选择影视节目，引导孩子玩文明、健康的游戏等，净化孩子的语言环境。

3 适度批评

如果孩子说脏话的情况很严重，且长期不改，就有必要进行批评。但是，批评一定要适度，且要给孩子"留面子"，例如不在大庭广众之下批评他，更不要打骂孩子。

4 建立奖惩机制

明确告诉孩子哪些话不能说，违反了会有相应的惩罚，如减少玩耍时间、取消小奖励等；当孩子使用文明用语时，要及时给予表扬和鼓励，激励孩子坚持不说脏话。

5　加强亲子沟通

良好的亲子沟通是预防孩子说脏话的重要法宝。父母应该经常与孩子交流，了解他们的想法和感受，鼓励他们分享自己的喜怒哀乐。当孩子感受到来自家庭的温暖和支持时，他们会更愿意用积极、健康的方式来表达自己的情绪和需求。此外，父母还可以引导孩子通过画画、写日记等方式来宣泄负面情绪。

培养孩子注重个人礼仪

注重培养孩子的个人礼仪，可以从根本上解决孩子说脏话的问题。包括下面几个方面：注重仪容仪表，让孩子外表整洁，讲卫生；规范行为举止，培养孩子正确的站姿、走姿、坐姿、卧姿等；提升交往礼仪，与别人交流时面带微笑，不做不礼貌的动作；使用文明礼貌用语，如"你好""谢谢""对不起"等。

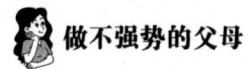

孩子顽皮，喜欢恶作剧，怎么办

有时孩子做一些无伤大雅的恶作剧，是他机灵活泼、思维敏捷的表现，隐藏着孩子内心对探索世界的渴望以及对规则的试探。但是，毕竟孩子的认知不成熟，有时他们的恶作剧让人忍俊不禁，但更多时候可能会给父母和其他人带来不少困扰。当孩子的恶作剧频繁出现且带来不良后果时，就需要父母以巧妙的方式进行引导和纠正。

正确看待孩子的恶作剧

孩子调皮捣蛋，一天到晚"大闹天宫"，有时候还会闯祸，父母往往会气不打一处来。要想改变孩子，首先要正确看待孩子恶作剧的动机。

随着年龄的增长，孩子的自我意识也一步步发展，他们会发现自己的言行能引起别人不同的情绪反应，体验到自己"左右"

他人的力量，因此会乐此不疲地用恶作剧影响他人。此外，孩子探索意识、交往意识日渐加强，但他们旺盛的精力却常常受到活动空间和交往空间的限制，且无力自行寻找更加理性的宣泄渠道，因此把恶作剧当作一种选择。不仅如此，当孩子的情感需求没有得到满足时，也会用恶作剧来吸引大人的注意。

不加限制的后果

1　社交方面

恶作剧可能会伤害到他人的感情，致使同学或朋友之间产生矛盾和隔阂，破坏孩子良好的人际关系。

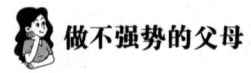

2 学习和声誉方面

频繁的恶作剧行为会干扰正常的秩序。老师在讲台上认真授课，孩子却在下面搞恶作剧，这种行为不仅会打断老师的思路，还可能引起其他同学的注意，导致他们无法专注于学习，孩子自己的学习效果更是无从谈起，因为他们没有把精力放在学习上。长此以往，孩子不仅学习落后，还会被视为调皮捣蛋、不懂事的孩子，这将对他的个人声誉产生负面影响。在老师和同学中的声誉一旦受损，孩子在集体中的地位和人际关系也会受到影响，进而影响到他的自信心和社交能力。

3 心理层面

如果孩子总是通过恶作剧的方式来实现自己的目的，他们可能会逐渐形成一些不良的行为模式，这种模式会导致他们在成长过程中缺乏对他人的尊重和共情能力。

当孩子习惯通过恶作剧来获得他们想要的东西时，他们会逐渐忽视这种行为对别人造成的伤害或不适，在不知不觉中变得越来越自我中心，忽视他人的感受。

长此以往，这种缺乏尊重和共情能力的行为模式会导致孩子们在心理上形成不健康的状态，影响他们的人际关系和社会适应能力。

巧妙纠正恶作剧

1 不贴标签

孩子顽皮、淘气，其实是正常的行为表现，不要给他们贴上"多动症""坏孩子"的负面标签，那只会给孩子制造负面的心理暗示，强化他们的行为。

2 打骂和谴责于事无补

孩子调皮捣蛋时，打骂孩子或者对他们进行道德谴责，容易让孩子学会推卸责任，变成"撒谎高手"。

3 让孩子为自己的行为负责

如果父母一味地给孩子"擦屁股"，会让他们更加肆无忌惮。聪明的父母会让孩子认识到自己的错误，改正自己的缺点，从小就给孩子灌输正确的观念：自己闯的祸，自己负责。

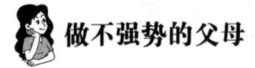

4 设置合理的规则与界限

　　与孩子共同制定规则，明确哪些行为是允许的，哪些是绝对无法接受的。这种规则必须是具体的、可操作的，既要让孩子充分理解，还要父母以身作则，成为孩子的榜样。

🗨 教育专家的意见

　　"上蹿下跳""惹是生非"的孩子是儿童教育专家关注的重点。英国教育专家伊丽莎白·哈特利·布鲁尔就认为，对于这样的孩子，父母应该保持积极正面的态度，不要一味关注孩子的错误行为，要注意他们做得对的事情；不要想当然地认为或者预测孩子会有糟糕的表现，要用肯定的话语引导孩子。

孩子顶嘴、回怼、唱反调，怎么办

孩子顶嘴、回怼、唱反调，这是许多父母在育儿过程中经常遇到的挑战。这些行为不仅让父母感到困惑和无奈，还影响亲子关系的和谐。父母只有理解孩子顶嘴背后的心理原因，并采取恰当的教育策略，才可以更好地引导孩子，促进孩子的健康成长。

❤ 换个角度看待孩子的行为

孩子爱跟父母"对着干"，其实是比较常见的现象。换个角度站在孩子的立场看，就是遭受父母干涉，孩子表达不出来意见和声音之后的反抗。当然，也有孩子顶嘴纯属淘气，单纯宣泄自己的情绪。

当孩子爱顶嘴时，父母也需要反思自己。可以问问自己，如果孩子事事顺从父母，真的是好事吗？如果孩子变成逆来顺受的人，就很容易缺乏独立思考的能力，不懂得维护自己的边界，不

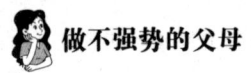

敢去争取自己的合法权益。

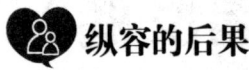 纵容的后果

1 影响家庭氛围

我们要看到孩子顶嘴的积极意义，顶嘴通常表明他们正在形成独立思考能力和表达能力，但也不能纵容他们的无礼行为。孩子总是顶嘴，容易让家庭充满火药味，这种紧张的氛围不仅会影响家庭成员的情绪，还会对原本和谐的家庭关系造成破坏，导致亲子之间的沟通变得困难重重，难以建立有效的交流。

2　影响孩子人际关系

习惯顶嘴、回怼、唱反调的孩子，在与同龄人交往时，也会使用这种不良的沟通方式。结果显而易见：谁都不愿意和这样的人交流，孩子也会一言不合就与小伙伴发生争吵。这会让孩子的人际关系越来越差，甚至在集体中遭到孤立。

3　影响孩子性格成长

从孩子心理成长角度来看，过度顶嘴是孩子情绪不稳定、不知如何进行正确表达的表现。不及时纠正的话，孩子会日益任性、叛逆、自我中心，难以接受他人的意见和建议，让他们的性格越来越怪异，直至与他人格格不入。

如何不强势地纠正

1　了解孩子

父母要认真观察孩子，发现他们独特的气质、性格等，总结出合适的交流方案。如果孩子懂得的道理比较多，就不用长篇大论地告诉孩子如何去做，只要陈述基本事实即可。

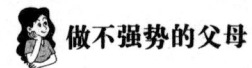

2 表达出宽容和理解，但不纵容

孩子处在"叛逆期"，容易顶嘴、回怼、唱反调，父母要对此表示宽容和理解，不要瞬间点燃怒火，对孩子大声斥责，可以讲一些道理，给孩子一些思考的时间。不过，涉及一些原则性问题时，一定要进行严厉的斥责和惩罚。

3 尊重边界感，让孩子自己做主

亲子之间的争执，很多源自父母对孩子的掌控欲。不强势的父母会尊重孩子的选择权，从日常小事开始，逐步放手，让孩子在决策过程中学会承担责任。同时，在大事上给予指导而非决断，鼓励孩子表达自己的意见，这样既能增强他们的自主性，也能培养他们的决策能力。

父母要改变自己的观念

孩子一天天长大，开始想要摆脱父母的束缚，因此父母会感觉与孩子的沟通越来越困难。此时，父母一定要颠覆"听话就是好孩子"等传统观念的束缚，接受孩子的逆反，接受孩子有了自己的主见。

父母要学会理解孩子，站在孩子的角度，体会他们的心情，理解他们的想法。当孩子无法认识自己的问题时，父母再出手，引导孩子去思索，并提出科学合理的解决方案。

孩子经常撒谎，怎么办

在孩子的成长历程中，一旦他们因某个契机体验到撒谎的甜头，便可能逐渐养成这一习惯。他们开始轻易地编造与现实不符的谎言，说完后还表现出一脸无辜，似乎完全不认为撒谎有何不妥。这种情况常常让父母感到困扰，担心孩子会因此"变坏"，进而采取严厉的惩罚或过度的控制措施。然而，孩子的撒谎行为，实际上可能正是一个锻炼其情商的良机。

孩子为什么爱撒谎

1 成长过程中必经的历程

专家研究发现，人在婴儿时期就学会撒谎了，婴儿的假哭就是最早出现的欺骗方法之一，目的是引起妈妈的注意。加拿大研究者更认为，一半的孩子都会在 3 岁时学会撒谎，4 岁时这一比例接近 90%，12 岁时更是达到巅峰。由此看来，在孩子的成长过程中，撒谎确实是一种正常现象。

2 　缺乏安全感

孩子在父母面前觉得不够安全时，就会选择说谎。例如，当父母处处以好孩子的标准要求孩子时，孩子就会感觉压力很大，以为只有做个好孩子才会得到爸爸妈妈的喜爱，如果承认自己做了某种错事，就会失去父母的喜爱，因此选择撒谎。

3 　缺乏自信或逃避责任

一些孩子因为自卑或缺乏自信而撒谎，也有些孩子因为胆怯、逃避责任或惩罚而撒谎。

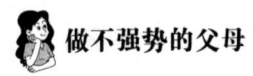

正确看待孩子撒谎

作为父母，要清楚一点：没有不撒谎的孩子。撒谎是大脑认知功能发展的表现，善于撒谎的孩子，往往有较强的语言组织能力，这标志着他们开始有了想象力，能够进行开创性行为了。

虽然很多教育专家肯定了孩子撒谎积极的一面，但并不意味着父母要放纵乃至鼓励孩子去撒谎，那样可能让孩子变得不诚实。父母正确的应对态度，是将孩子撒谎中的小聪明引导成大智慧。

如何引导孩子

1 明确指出孩子的错误

孩子撒个小谎，想偷懒、钻空子或逃避惩罚时，父母要明确告诉他，这种小聪明不过是掩耳盗铃罢了，很容易被别人发现，让自己丢脸。只有诚实、脚踏实地，才能成为受人尊敬的人。

2 倾听与理解孩子

当孩子撒谎时，父母要倾听他们的解释和理由。有时候，孩子撒谎可能是出于恐惧、逃避责任或保护自己的需要。通过倾听和理解，可以更好地了解孩子的内心需求和困扰，从而找到更加有效的解决策略。

3　检讨自己

如果孩子因为想当一个乖宝宝而被迫说谎，父母就要检讨一下自己，看设立的期望值是否过高了，从而重新设定期望值，让孩子的心理发育节奏走上正轨；如果孩子是模仿父母而学会说谎的，父母就要有意识地改正，当诚实的榜样。

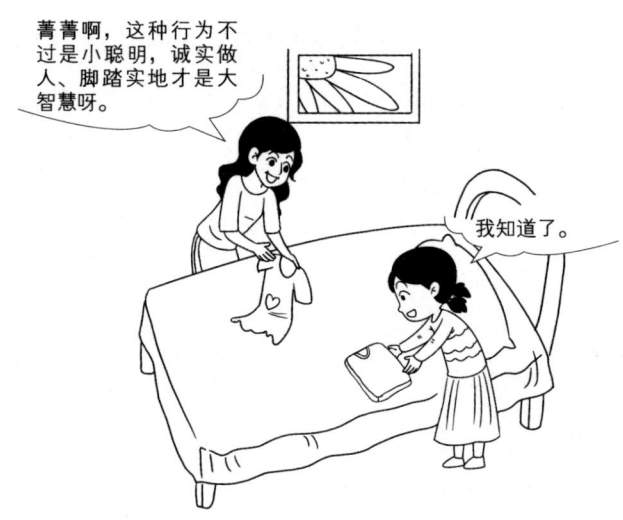

4　设立规则，明确撒谎的后果

虽然父母要避免过度惩罚孩子，但设立一些合理的规则仍然是必要的。

父母可以与孩子一起制定一些关于撒谎的"游戏规则"，比如：如果撒谎被揭穿，将失去某些奖励。这样的规则可以让孩子明白撒谎是有代价的，从而更加珍惜诚信的价值。

 ## 放下控制欲，引导孩子独立思考

当父母发现孩子撒谎后，不要立刻严厉斥责，而是要温和地引导孩子说出真相，锻炼他梳理事情经过、清晰表达想法的能力；和孩子一起分析撒谎带来的后果以及为何不能撒谎，引导孩子进行换位思考；引导孩子诚实且妥善地处理问题，激发他的应变能力与创造力……总之，孩子撒谎后，父母不要因此严格控制他们的言行，而是给孩子一片天空，让他们独立思索、反思，提升思考能力。

亲子关系
亦"铁"亦"蜜"

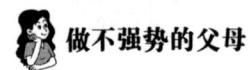

真正的爱不是控制，而是尊重和接纳

"孩子不是父母的私有财产。"身为父母的我们都懂。可在实际生活中，许多父母的行为却与之背道而驰，下意识地用言语或行动控制孩子的一切，试图为孩子规划最"正确"的道路。这样的控制表面看是爱，本质上却剥夺了孩子的自主权，让他们渐渐失去了探索的自由。

不过度保护

用智慧引导，而不是用强势控制。很多父母会不由自主地为孩子安排好一切，这种出发点虽然是善意的，却藏着对未知的恐惧。我们怕孩子的决定偏离"正轨"，于是以爱之名，用自己的经验和判断替孩子做主。这种控制不总是表现在行为上，语言上也会咄咄逼人。

有的父母说："我只想让孩子少走些弯路。"可很多弯路并非毫无意义。每个人的成长都是试错的过程，过度的保护与干预，不利于孩子长成参天大树。

 尊重的关键在于平衡

尊重并不意味着放任不管，而是对孩子思想、行为的认可。这需要父母放下"我比你懂"的姿态，真正站在孩子的立场上去看待他们的需求。

你可能会问："什么样的度最合适？"尊重的关键在于平衡——既不过度控制，也不放任不管。过度控制会让孩子失去独立性，而放任不管会让他们缺乏必要的指导。尊重的教育方式是让孩子在安全范围内自由探索，同时提供适当的引导和支持。

例如，当孩子犯错时，与其直接责备，不如陪伴他们复盘经历。错误本身并不可怕，关键是要给孩子试错的机会，让他们从失败中学习。

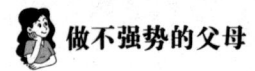

 真正的爱是引导，不是掌控

父母的职责并不是为孩子规划好每一步，而是陪伴和引导他们做自己。在这个过程中，我们要给孩子尝试和失败的机会，尊重孩子对自己生活的决定权，让他们发现自己的价值；在安全范围内，鼓励孩子独立解决问题，逐渐培养他们的自主能力。

孩子的成长是一场探索之旅，父母需要在这个过程中适时调整自己的角色。控制与放手的平衡并非一蹴而就，但每一次尊重与接纳，都会让亲子关系更加和谐，也让孩子更有信心面对挑战。

卸下强势"盔甲"，正视内心的小孩

　　父母都希望自己成为孩子的避风港，给予他们最好的教育与保护。可近年来，我们身边似乎有很多这种现象：女儿跟母亲之间总有吵不完的架；儿子大多数成了唯唯诺诺的"妈宝男"。我们在保护孩子时，可能忽略了一个事实：我们自己的内心也住着一个尚未被安抚的小孩。

　　这个"内心的小孩"或许承载着我们成长过程中未被满足的期待、不被认可的遗憾，以及对失败的恐惧。要想成为孩子健康成长的引路人，我们需要先卸下这副强势的"盔甲"，拥抱内心的小孩，从而更好地支持孩子。

卸下"盔甲"，从倾听开始

　　卸下"盔甲"的第一步，是学会真正倾听孩子的心声，而不是急于下结论或强加观点。当孩子感受到被倾听时，父母才能

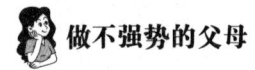

被他们信任，从而表达自己的需求与情绪。

我们对孩子的过度要求或控制，可能源于自己的内心创伤或未解的遗憾。直视这些感受，学会与自己的"内心小孩"对话，能帮助我们放下对孩子的执念。

不要过度关注孩子

有些父母把所有的精力都集中在孩子身上，从生活到学习，无微不至，但这种"全覆盖"的爱实际上让孩子感到窒息。适当把注意力转到夫妻关系、兴趣爱好或自我提升上面，也能减轻对孩子的控制欲。

当父母愿意专注于自身时，孩子便能更好地感受家庭中的和谐氛围。

设定界限，注重规则

身为父母，我们应该学会分清哪些是自己的责任，哪些是孩子的责任。给孩子设定清晰的规则，同时允许他们在规则内自由发挥，这是培养孩子独立性的重要方式。比如，在孩子完成家庭作业的问题上，父母可以设定一个学习时间，但让孩子自己决定用什么方法完成任务。这种方式既能让孩子有规则意识，又能为他们提供更自由的成长空间。

 寻求专业帮助

如果父母发现自己的控制欲已经严重影响家庭关系，比如，孩子对自己疏远或产生强烈的抵触情绪，建议寻求心理咨询师的帮助。专业的心理辅导可以帮助父母梳理情绪来源，找到更有效的亲子沟通方法。

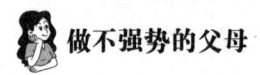

 养育孩子，也是一场自我成长的修行

养育孩子的过程，也是父母自我成长的机会。孩子每一次的叛逆、情绪或失败，都提醒着我们停下来思考：我是否把孩子当作了自己的延伸？我是否在用孩子填补自己的空白？

慢慢放下控制，给孩子自由，也让自己获得心灵的成长。只有父母内心强大，才能让孩子在爱中获得滋养。

 卸下盔甲，直面真实的自己

真正的爱不是以强势的方式保护，而是以温柔的态度支持；它不会试图控制孩子的一切，而是关注自我内心的治愈。

孩子的成长需要空间，父母的成长需要深刻的觉察。让我们卸下盔甲，直视自己内心的小孩，学会用尊重和接纳的方式，和孩子一起，走向更自由、更幸福的人生。

英国心理学家希尔维亚·克莱尔曾说："父母真正的成功，就是让孩子尽早作为一个独立的个体，从你的生命中分离出去。这种分离越早，你就越成功。"这种分离并不是疏远，而是一种爱的成全。

对孩子而言，幸福的关键在于拥有选择权。一个能掌控自己人生的孩子，才能真正感受到自由的意义。做一个明智的父母，敢于放下对孩子的控制，这不仅是对孩子个性的尊重，更是对他们未来成长的最大支持。

巧妙化解另一半的控制欲

在亲密关系中，爱往往成为控制的借口。以爱的名义去控制对方，初衷或许是好的，结果却适得其反。不少感情失败都源于一方强烈的控制欲，让另一方难以忍受。

"你为什么又跟他聊天？删掉！"

"亲爱的，我们只是在讨论工作而已。"

……

类似的对话场景在控制欲强的伴侣关系中并不少见。面对这种情况，有些人会说："除了控制欲强些，他人其实挺好的。"确实，当我们深爱一个人时，总希望能找出理由来调和种种矛盾。控制欲并非不可解决的难题，关键在于如何用智慧与温和的方式化解它，让亲密关系重回平等与和谐。

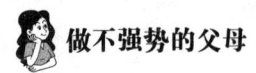

识别控制欲的表现

你可能听过类似的话："你为什么非要和那个人来往？"或"我只是希望你少犯错！"这些看似关心的话，也隐藏着控制的意图。

控制欲强的一方往往源于对关系失控的焦虑，试图通过干预行为获取安全感。可这种方式非但不能增进关系，反而会让另一方感到被束缚，进而产生疏离感。

找到控制欲的根源

化解控制欲的第一步是了解控制背后的动机。控制欲通常源于对亲密关系的不安，害怕失去或被忽视。所以，不妨尝试与对方共情，用开放的沟通化解矛盾。

冷静而温和地表达想法，让对方知道，你并不是忽略他的意见，而是希望保有自己的选择权。共情并不等于妥协，而是让对方知道他没有必要这样做。

识别控制欲的表现

健康的关系需要边界感。如果对方频繁越界，你需要温和而坚定地说出自己的底线。比如，你可以这样说："我很尊重你的建议，但在这件事情上，我想按自己的想法去试试。"这样既能避免正面冲突，又能让对方了解到你的态度和需求。

设定边界不仅是在言语上的表态，还要在行为上保持一致性。比如，如果对方经常干涉你的社交，你可以通过坚持自己的计划，让他逐渐适应你。在建立边界的过程中，切忌反复妥协，否则会让对方觉得控制行为是可以被你接受的。

从小事开始改变

化解控制欲需要循序渐进，当对方习惯了掌控模式时，就不可能立刻改变，我们可以从一些小事入手，比如，在小范围内做出决定，并与对方分享这些决定的积极结果。这样既表现出了重视对方的意见，又表现出了自己的态度，有助于双方沟通。

自我反思

在化解对方控制欲的同时，我们也要反思自己是否无意中强化了对方的行为。很多时候，被控制的一方可能因懒于争辩或怕麻烦而一味地妥协，这种行为会让对方误以为控制是被允许的。

在亲密关系中适当增强自己的独立性，用行动证明自己能够很好地处理问题。比如，在决策时主动承担后果，不因对方的质疑而动摇，这样可以逐渐减弱对方的干涉意图。

健康的亲密关系不是通过控制来维系的，而是来自彼此的尊重和信任。如果能够在尊重彼此的基础上找到平衡点，就可以改善亲密关系，让双方都得到成长。

父母越松弛，孩子越稳定

父母的情绪对孩子的心理健康影响很大。父母的紧张和焦虑会让孩子感到不安。相对松弛的父母能营造出一种自由、平和的成长环境，让孩子的内核逐渐强大。

父母情绪稳定，孩子内心强大

父母的情绪就是家庭的气象图，"晴朗"的情绪会让孩子感到温暖和安全，"阴云密布"的情绪会让孩子感到无所适从。研究表明，父母情绪不稳定是孩子心理问题的重要诱因之一。

不少父母会把工作中的压力或个人情绪带回家，但这样既会让孩子感到恐惧，又会导致孩子逐渐缺乏自信和安全感，让他们害怕分享自己的感受，越来越不愿与父母沟通。

情绪稳定的父母会选择以平和的态度面对孩子，用理解和引导的方式和他们沟通。

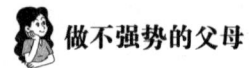

这样的回应既能让孩子感受到父母的支持，又能增加孩子们面对问题的勇气。

松弛感让孩子更加自信

父母的过度焦虑和控制并不能让孩子更优秀，反而容易让他们丧失探索的动力。

有松弛感的父母不会因为孩子的一次失败而大惊小怪，也不会用别人的标准来要求孩子。相反，他们会尊重孩子的选择，给予孩子更多的自由空间，陪伴他们成长。

在这种松弛的氛围下，孩子不会害怕表达自己的真实想法，也敢于面对困难，不会逃避。

信任孩子，培养内在的力量

一个信任孩子的家长懂得适时退后，给孩子足够的空间去尝试。即使孩子的选择未必是最好的，但他们会从中学会担当和坚持。这种信任能让孩子内心更强大。

三步找到松弛感

1　尊重孩子的个体差异

孩子在成长过程中，不可能时时刻刻都表现得完美。我们要以开放的心态去认识和接纳他们的独特性，尊重孩子的个体差

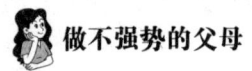
异，让他们在自己的节奏中成长，成为最好的自己。

2 给自己减压

不要把孩子的成长视为自己的全部责任，要照顾好自己的身心健康。用足够的休息、运动或兴趣爱好来调节情绪，保持积极的心态。

3 多与孩子进行平等、真诚的交流。

平等交流意味着放下家长的权威，以朋友的身份倾听孩子的想法和感受，尊重他们的意见和选择。

在松弛中孕育出力量

父母的情绪稳定与松弛感，既关乎自身的幸福，又关乎孩子的内心力量。情绪稳定的父母能为孩子创造一个安全、稳定的成长环境；有松弛感的父母则能让孩子在自由的氛围中培养出内心的丰盈与自信。父母只有放下焦虑与控制，用信任和接纳陪伴子女，才能让他们的内核逐渐强大，越来越成熟。

如何与强势的人相处

5

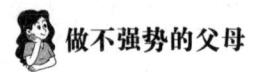

如何聪明地与强势者沟通

生活中，我们总会遇到各种强势的人——固执的邻居阿姨、爱指手画脚的同事、说一不二的领导。我们要学会在维护自己立场的同时，也能与这些强势者和谐相处。这不仅能让我们的生活更轻松，也能为孩子树立良好的榜样。

以柔克刚，让强势者无招可用

上善若水，水善利万物而不争。面对强势者时，学会适时示弱和顺从是一种智慧。我们可以把表现的机会留给对方，在他们展示自我时给予恰到好处的赞美。强势者往往遇强则强，当我们不与之正面对抗时，他们的强势也就无从施展。

如果需要提出建议，最好选在他们心情好的时候，委婉地表达出来。这不是示弱，而是在理解强势者心理的基础上，选择更聪明的沟通方式。

 ## "淬火效应"，让对方自行降温

什么是"淬火效应"？在加工金属工件时，工件需要在高温后经过冷却，才能获得更好的性能。这种"冷处理"的智慧，同样适用于我们与强势者的沟通。在高压时保持冷静，反而能让我们应对自如。

1 稳定情绪

当强势者咄咄逼人时，不要被对方的情绪带偏。深呼吸，默数五秒，让自己从"高温"的对抗中暂时抽离。这种自我调节，

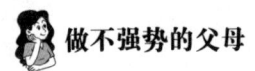

能让我们在强势者面前稳住心态，避免做出冲动的反应。

2 适度沉默

面对强势的表达，不要急于回应或顺从。恰到好处的沉默既能显示沉着，又能给双方留出冷静的空间。就像在会议中遇到强势的意见时，先安静倾听，给自己留出思考的时间。

3 理性回应

等情绪平复后，用条理分明的方式表达己见："我理解您的观点，但从整体考虑……"这种既认可对方又不失立场的表达，如同经过淬火的金属，既柔韧又坚定。

逻辑在线，轻松破解强势难题

　　面对强势者，最有效的应对之道并非对抗，而是懂得运用理性的力量。要知道，真正的强势者并非蛮不讲理，相反，他们恰恰是因为"讲理"而强势。当我们的表述符合规律、人情、法理时，就能有效避免无谓的冲突。

　　面对强势者，更重要的是掌握表达的艺术。不直接论对错，而是适时提出"我有不同的观点，请您指教"，这样既能给足对方面子，又能体现自己的专业。有理不在声高，用事实和逻辑说话，才是与强势者沟通的智慧之道。

练就高手心态，应对自如

　　在与强势者的互动中，我们既要懂得以柔克刚的智慧，也要掌握冷处理的技巧，更要学会用理性沟通的力量。强势者的强势往往源于内心的不安全感，我们不必与之对抗，而是要用智慧化解。当我们能够灵活运用这些方法时，就能在保持自我的同时，与强势者达成和谐的互动。这不仅是一种沟通技巧，更是一种处世智慧。

轻松化解权威的压迫感

很多人在面对老师、领导、长辈时，会感到无形的压力，甚至紧张得说不出话。权威带来的压迫感通常表现为在权威人物面前紧张、不安，甚至畏缩。它不仅会让人失去自信，还会削弱自我价值感，为我们的日常生活带来不少困扰。

为什么在权威面前，你总是底气不足

童年时期，在严厉的家教下，我们习惯了压抑自己的声音，不敢表达内心真实想法。那种深藏内心的畏惧感，就像在心里种下了一颗种子，影响着我们与人相处的方式。当我们步入成年后，面对上司、专家等权威人物时，依然会不自觉地感到紧张和局促。

通过提升认知和有效沟通，我们完全可以在尊重中保持自我，在谦逊中展现价值。

四招制胜法则，从此不惧权威

1　认清自身价值

权威让人感到压迫，往往是因为内心觉得"自己不够好"，害怕暴露缺点或被否定。但我们需要明白，自身的不足是暂时的、可解决的，不能因此否定自己的全部。

试着从更多角度认识自己：回顾以往的成就，找到自己的优势，同时接纳自身的不足。当内心对自己的价值有清晰认知和肯定时，外界的评价便不再让人害怕，与权威相处时也会更加自信、从容。

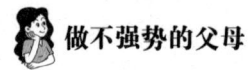

2 从小事突破

如果你觉得直接挑战权威会让你感到不安，那么可以从一些小事开始。这些小小的突破能帮你积累经验，让你慢慢意识到：权威并不是不可挑战的，他们也可以听取不同意见。通过逐步实践，在与权威相处时，你也有发言权，你的声音也会被听到。

3 学会祛魅

如果你在面对领导时总是感到权威带来的压迫感，不妨主动创造与对方接触的机会，记录自己每次的恐惧指数，并逐步调整和改善。只有通过沟通，才能真正了解对方的想法和对自己的看法。一味地猜测只会加剧自卑感，削弱自我认知的信心。

通过与领导多互动，逐渐减弱对权威的"强大投射"，将其看作"拥有一定权力的普通人"。不得不说，尊重权威是必要的，但规则之外，大家都是人格平等的个体。

4 掌控情绪

面对权威时，压迫感会放大我们的情绪反应，导致紧张或焦虑。因此，学会情绪管理非常重要。比如，当你感到紧张时，可以通过深呼吸、冥想等技巧缓解内在压力。

出现情绪问题时，可以与朋友或家人分享你的感受，获得情感支持。如果情绪问题影响到日常生活，寻求心理咨询师的帮助也是非常有效的选择。通过情绪的掌控，你会发现自己在面对权威时会更加平静和自信。

掌控自身气场，从容面对权威

权威的存在并不可怕，关键在于我们如何认识和应对。通过认识自身价值、循序渐进的突破以及有效的情绪管理，我们完全可以建立起面对权威时的从容与自信。当我们真正掌握这些力量，面对权威时也将更加自如，活出内心真实的自我。

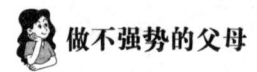

在强势环境中坚持自己的立场

在强势的环境中，我们因为受到外界的干扰而产生自我怀疑。每个人的生活经历、价值观、兴趣爱好都是不同的，只有我们自己最了解自己的内在需求，在强势环境中要懂得坚持自己，坚定立场。

 建立清晰界限，守住自我底线

1 建立界限

在日常生活中，我们经常会遇到让自己不舒服的情况，比如被人突然打扰或时间被占用。这时，我们需要审视自己的内心，明确界定什么是可以接受的，什么是不能容忍的。从时间、情感、身体到价值观，每个人都应该为自己划定清晰的界限，这些界限会让我们在面对外界压力时有所依据。

2 表达界限

表达界限时，我们需要用明确且坚定的语言，通过陈述事实、表明感受、提出期望，既表达自己的感受，又不伤害对方，让对方更容易理解和接受我们的界限。

3 维护界限

设定界限后的维护同样重要。当他人尊重我们的界限时，要给予积极的反馈；当界限被侵犯时，也要及时采取相应的措施。

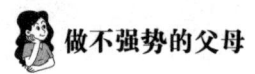

灵活表达，化解对方强势

1 结论先行，化解强势的第一步

面对强势者时，先开门见山地提出核心观点，让对方首先明确你的立场。然后用可靠的数据和事实来支撑你的论点，并通过具体案例加深理解。最后重申观点，确保双方达成共识。这种清晰的表达结构能有效降低对方的强势态度。

2 赞美法则，夸人夸到心里去

当对方表现强势时，适时的赞美能软化对方态度。用具体事实支撑，表达发自内心的感受，通过适度的对比突出对方特点。这样的赞美既能缓解紧张氛围，又能让对话回归平等。

3 先肯定后提出不足，以退为进

各执己见时，先向对方说明不采纳自己建议的风险，再强调解决方案的价值，通过对比突出建议的优势。最后坦诚指出可能的不足，这种理性态度往往能赢得对方尊重。

4 冷静分析，把握全局

面对冲突时，先确认客观事实，理性分析局势，关注双方的情绪反应，明确期望达成的目标。这种系统思考能让我们保持清醒和镇定。

修炼强者心态，掌控沟通主动权

坚持自己的立场，需要智慧和方法。通过建立清晰的界限，学会灵活应对的技巧，我们可以既守住自己的底线，又不会把关系弄僵。真正的强大不在于压制对方，而在于保持自我的同时，能够和他人好好相处。

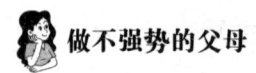

与强势长辈的沟通之道

在我们的日常生活中，难免会遇到一些强势的长辈，他们会过度介入我们的决策过程，习惯性地质疑我们的观点，甚至频繁地将我们与他人进行比较。面对这样的状况，许多人会感到焦虑甚至愤怒。然而，这些困扰背后通常潜藏着更深层次的原因，我们需要先理解这些情绪的根源，才能探索出恰当的应对方式。

为什么一和长辈说话就有一股无名火？

和强势的长辈说话总是特别没有耐心，一说话就有无名火，其实这是一种应激反应。如我们小时候没有得到父母足够的正向反馈，被经常否定和打压，习惯性地被拿去和别人家的孩子比较……在种种行为的影响下，只要长辈开口，我们就会本能地感到焦虑和抗拒。

成年后不愿与父母沟通，可能与童年积累的负面体验有关。这时，不要强迫自己改变他们，也不要为此感到内疚。学会适度远离，不期待改变对方，反而是真正成长的开始。

面对强势长辈，这样说话更有效

1　不轻易示弱

父母之所以对你事事操控，是他们认为你太软弱，非常需要他们的帮助。故而，这时的你不要通过示弱、卖惨来激发他们的愧疚之心，那只会让他们更加确定你需要被操控。

2　不被亲情牵制

当强势的长辈展现出温暖的一面时，最容易让人心软。但要

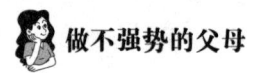

记住，当你一旦心软并心生愧疚时，往往会让你重新落入被掌控的境地。所以你一定要保持清醒，不要因一时的温情而放弃自己的立场。

3 不留模糊空间

与强势的长辈沟通时，必须特别明确界限，避免让他们认为你总是需要依赖和援助，也不要因为犹豫不决而给予他们继续控制你的希望。

 **三个巧妙周旋技巧**

1 柔顺应对

面对长辈的强势要求，适度地柔和回应

"赶快回老家工作"——"好的，正在了解老家的就业形势。"

"婚恋问题"——"是的，一直在认真考虑这个事。"

"婚期安排"——"我也在朝这个方向努力，会认真规划。"

"生育话题"——"理解您的期望，我们会努力的。"

2 压力转移

汇报不顺利的进展，把压力给到长辈

"赶快回老家工作"——"最近投的简历都没消息，您想办法帮我找找合适的公司吧。"

"早点儿结婚"——"最近几次约会总是不成功，我也不知道为什么，要不您多给我介绍一些靠谱的对象吧。"

"一定要生孩子"——"最近备孕一直不成功，也想了很多办法还是不行，您有没有什么好办法啊。"

3　注意力转移

巧妙地用其他生活的不顺利来转移话题

"赶快回老家工作"——"最近工作太忙了，每天都要忙到

妈，您就别催了，一直在认真考虑这个事呢！

柔顺应对

外面不好遇到合适的对象啊，要不您和爸爸帮我找找吧！

压力转移

啊，你过得咋样啊？

听说家里要拆迁了，是真的嘛？

注意力转移

周末还要加班，好困啊！你们早上没有出去走走啊？

转移话题

凌晨，领导还总给压力。"

"早点儿结婚"——"最近做什么都没兴趣，尤其是阴天下雨时总让人很压抑，呼吸不畅，胸口闷得很，去看了一下，医生建议我多吃水果。"

"一定要生孩子"——"最近和他吵架了，还没和好，我在头疼有什么办法能处理好我俩的关系呢。"

与长辈和解，需要智慧更需要勇气

与强势长辈沟通的关键不在于对抗，而在于寻找恰当的方法。我们既要领会长辈的深意，也要学会维护自己的界限。适度地保持距离并非不孝，而是为了更和谐地相处。当我们能在交流中保持自我，同时给予对方恰当的反馈时，这种关系也将逐渐趋向健康和谐。

父母这样说，孩子更自信

"宝贝，你的想法很独特，妈妈／爸爸很想听听。"

"你可以自己做决定，只要你考虑清楚后果。"

"失败没关系，我们一起总结经验，下次会更好。"

"你的努力，妈妈／爸爸都看在眼里，继续加油。"

"有困难别害怕，我们一起想办法解决。"

"你今天又学会了新东西，好厉害呀！"

"勇敢去尝试，你会发现不一样的自己。"

"每个人都有自己的优点和不足，你也一样，我们一起变得更好。"

"不管发生什么，妈妈／爸爸永远支持你。"

"你的感受很重要，说出来让我了解一下。"

"自己的事情自己做，你会越来越独立。"

"这个问题你怎么看呢？我很好奇你的想法。"

"犯错不可怕，重要的是能从中学习。"

"你有权利表达自己的情绪，但也要学会控制。"

"我们是一个团队，一起面对生活的挑战。"

"你的梦想很伟大，去努力实现它吧。"

"相信自己，你比你想象的更有能力。"

"尝试新事物是一种勇气，你很棒。"

"遇到困难不放弃，你就是小英雄。"

"你的善良会让世界更美好。"

"和别人不一样没关系，你就是独一无二的你。"

"有进步就值得表扬，继续保持。"

"自己解决问题会让你更有成就感。"

"妈妈 / 爸爸尊重你的选择，但也要为你负责。"

"多尝试几种方法，也许会有新发现。"

"你的坚持会带来意想不到的收获。"

"分享会让快乐加倍，去和小伙伴分享吧。"

"大胆说出你的需求，我们一起满足它。"

"你的努力和付出会有回报的。"

"成长的路上有很多风景，慢慢去欣赏。"